Kunterbunte Verse 3

Heinz Weber

Kunterbunte Verse 3

Bibliografische Information der Deutschen Nationalbibliothek
Die Deutsche Nationalbibliothek verzeichnet diese Publikation
in der Deutschen Nationalbibliografie; detaillierte bibliografische
Daten sind im Internet über http://dnb.d-nb.de abrufbar.

© 2018 Heinz Weber
Umschlagdesign, Satz, Herstellung und Verlag:
BoD – Books on Demand
ISBN 978-3-7460-5498-8

Inhalt

TEIL 1

Ameisen

Ameisen, die sind immer fleißig *)
den ganzen Tag, jawohl, das weiß ich.
Sie seien klüger als die Weisen, **)
das will selbst heute etwas heißen.

Der Fleiß, ein Vorbild, kann man hören,
was nützt das, wenn sie uns nur stören.

Fast, dass ich sie deswegen hasse:
bau'n Nester unter der Terrasse.
Die Platten, die dann abgesenkt,
zu Stolperfallen umgelenkt.

Zum Beispiel, eine weitere Chose:
Sie finden hin zur Zuckerdose.
Die Gegenmittel, die beschrieben,
sind bisher wirkungslos geblieben.
Ich hoffe, unter schönem Titel,
find' ich ein wirksam' Gegenmittel.

---

*) Sprüche 6,6 **) Sprüche 30,24

April

Schnee und Hagel im April,
der macht grad, was er so will!
Schlägt in viele neue Blätter
große Löcher – Donnerwetter,
haut sie manchmal ganz kapott.
Da sag' ich nur: Sapperlott!

Frost zur Zeit der Apfelblüte:
Das bringt Ärger, meine Güte!
Denn die Ernte, die bleibt aus:
Für den Landmann, welch ein Graus!

Viel erträgt jedoch Natur:
Bald ist alles wieder pur!
Freu dich dann der schönen Tage!
Gute Laune – keine Frage.

Aufräumen

Zu vieles hat sich angesammelt,
einiges ist schon vergammelt
und liegt dann irgendwo herum
haufenweise: 's ist zu dumm!

Sortier' zunächst das Wichtige aus,
den Schrott wirf weg raus aus dem Haus!
Folg' niemals der Maxime doch:
Ich könnt's vielleicht mal brauchen noch!

Man heb' nur auf, was wirklich wichtig!
Und dieser Satz ist sicher richtig.

Auge und Ohr

Der Zahn der Zeit, der nagt an allem,
mag's dir auch gar nicht wohl gefallen.
Dein Ohr, das hört nicht mehr so recht,
das Auge sieht jetzt auch schon schlecht.

Doch bleibe lieber frohen Mutes,
man findet dabei auch was Gutes.
Dem Augenarzt, dem Optiker
beschaffst du dadurch Arbeit mehr.
Doch alles, wie ein jeder weiß,
hat eben immer seinen Preis.

Der Hersteller von Hörgeräten
wird von dir einiges Geld erbeten.
So ein Gerät, das kann heut' viel,
der Preis ist dann kein Kinderspiel.

Dies gilt auch für die Gleitsichtbrille,
wenn Bestes ist des Kunden Wille.

Ausweg

Ein Frosch fällt in die Sahne
und wie ich es auch ahne:
Er droht drin zu versinken.
Da fängt er an zu winken
und strampelt auch recht heftig,
er ist ja noch ganz kräftig.
Die Sahne, die wird feste,
das ist für ihn das Beste.
Es sollt' ihm auch gelingen,
zuletzt herauszuspringen.

Moral für unseren Lebenslauf:
Gib nie zu bald 'ne Sache auf!

Begleiterscheinungen

Früher war'n wir stramme Leute,
leider ist es anders heute.
Im Alter schrumpft doch fast ein jeder
um ein bis zu drei Zentimeter.

Was früher man grad noch erreicht,
heut' nur, wenn man auf etwas steigt.
Doch Vorsicht, dieses sag' ich allen,
du kannst dabei auch runterfallen,
wenn's mangelt dir am Gleichgewicht.
(Von schlimmen Folgen – heute nicht!)

Früher sind wir weit gelaufen,
heute müssen wir gleich schnaufen
oft schon an der nächsten Ecke
und nach einer kurzen Strecke.

Besonders lästig ist's bergauf:
Zu Ende ist der Dauerlauf.
Zum Glück gibt es auch Möglichkeiten
sich hinzusetzen doch beizeiten!

Bewegung

Du bist ein ziemlich altes Haus,
dem manchmal geht die Puste aus;
besonders wenn man Treppen steigt,
sich das auch in den Beinen zeigt.

Drum: Pausen werden da empfohlen,
so kann man sich etwas erholen.
Falsch wär' es, zu lang auszuruh'n,
man sollte besser etwas tun.

Bewegung heißt das Zauberwort,
so scheuchst du oft Beschwerden fort.

Computer

Schon wieder Ärger mit Computer,
er ist manchmal ein rechtes Luder.
Nur häufig ist er gar nicht schuld,
es mangelt dir nur an Geduld.

Denk' einfach etwas weiter nach
und suche im Gedankenfach.
Du warst mal weniger geschickt
und hast dich einfach nur verklickt.
Und sieh', der Fehler ist gefunden
und du drehst weiter deine Runden.

Das Neue Jahr

Was bringt es wohl
und läuft es auch so, wie es soll?
Eine lange Reihe Tage
stehen vor dir, keine Frage.

Freu' dich über schöne Zeiten,
schlimme musst du eben leiden.
Denn so ist es halt im Leben,
es wird auch schwere Tage geben.

Demokratie

Demokratie heißt Volksherrschaft.
Politiker bemühen sich mit Kraft,
dass ihre Ansicht von den Dingen
bewirkt, sie an die Macht zu bringen.

Entscheidend in der Kampfeshitze
ist die Person, die an der Spitze;
und handelt diese mit Geschick,
dann haben alle meistens Glück.
Doch zu viel Streit und einige Fehler,
die kommen nicht gut an beim Wähler.

Der Retter

Wenn einer am Ertrinken
und sieht dann jemand winken,
der ihm reicht seine Hand
und zieht ihn noch auf's Land:
Man dankt mit einhundert Prozent:
der Retter ganz im Element!

Spannend ist's, wie's weitergeht,
ob die Liebe auch besteht:
mit Rhetorik ganz allein?
Man muss auch erfolgreich sein!

Despoten

Wenn einer ganz allein regiert,
er oft sein Volk ins Unglück führt.
Denn meistens ist er machtbesessen,
und pflegt nur eigene Interessen.

Doch die hierüber sind verdrossen,
die werden ganz schnell weggeschlossen.
Er spricht auch über Partner schlecht
und fühlt sich dabei noch im Recht.

Man kann nur hoffen, der Despot
kommt selber bald in große Not.

Die Blutbuche

Die Buche hat die meisten Blätter.
Sie fallen runter – Donnerwetter!
Decken ganz den Rasen zu,
das schöne Grüne hat jetzt Ruh.
Zieht der Winter dann hinaus:
Das Grün ist weg, es ist ein Graus!

Um den Baum jetzt zu verjüngen,
muss die Säge lang erklingen.
Zunächst bist du ziemlich entsetzt:
Das sind ja Äst' wie Stacheln jetzt!

Doch hab' Geduld, der Lenz wird's richten
und du kannst neu den Baum bedichten.

Schau, da sind viel' kleine Blätter,
die weiter wachsen – alle Wetter!
Sie sind von schön weinroter Farbe,
verdecken auch jegliche Narbe.

Und dieses schon nach wenigen Tagen!
Es war kaum so vorherzusagen.

Es sollte dir noch etwas frommen:
Hast einen neuen Baum bekommen!

Die Buche

Ein kleiner Baum, gepflanzt vor Jahren,
als du noch völlig unerfahren,
der sollte einmal dir gestatten,
zu ruhen aus in seinem Schatten.

In Jahren gab der Baum das Beste,
es wuchsen an ihm viele Äste,
auch wurden diese langsam fetter
und daher gab's sehr viele Blätter.

Dein Wunsch nach Schatten war erfüllt,
im Herbst zeigt' sich ein schönes Bild.
Die Blätter wurden langsam bunter
und schließlich fielen sie auch runter.

Der Herbstwind holte noch den Rest.
Zusammenkehren war ein Fest.
Die vielen Haufen wegzubringen,
verlockte fast, ein Lied zu singen:

Ich lobe mir die Koniferen,
die dich mit Blättern nicht beschweren!

Die dunkle Jahreszeit

Vier Uhr nachmittags und trübe,
Stimmung, die ich nicht sehr liebe.
Ohne Licht siehst du nichts mehr,
das drückt doch die Laune sehr.

Aber es ist Weihnachtszeit,
viele Kerzen sind bereit,
dieses Dunkel aufzuhellen
und so wird es auch nicht fehlen
an der Weihnachtsstimmung heut'
deshalb freu'n sich alle Leut'!

Die Vier

aus Bremen die sind hier
Stadtmusikant – das ist ihr Zeichen.
Da gibt es manches zu vergleichen.

Der Hahn, die Katze und der Hund
steh'n auf dem Esel, der ganz unt'.
Er trägt sie alle – seht Ihr da –
und sagt dazu noch sein I-A!

Bei Grimm, im Märchen, ist es üblich,
dass Konsequenzen kaum betrüblich.
Die Viere haben sich mit Kraft
'ne neue Heimstätt' so verschafft
und haben auch ganz nach Belieben
die Räuber ganz und gar vertrieben.

Diplomatisch

Erfrischende, oft klare Worte:
Nicht immer da passt diese Sorte!
Dagegen ist bei Diplomaten
dezente Rede angeraten.

Wenn nun ein fleißiger Diplomat
hieran gewissen Mangel hat
und man deutliche Worte hört,
ist ein Verhältnis meist gestört.

Es bedarf dann kluger Leute
(das gilt gestern, wie auch heute),
die, ohne sich zu tief zu bücken,
alles wieder graderücken.

Diskussion

Wenn zwei sich streiten, ist's meist Sitte,
dass sich dann freuet stets der Dritte.
So war das schon seit allen Zeiten,
wenn sich die Kontrahenten streiten.
Erst wenn dann richtig fliegen Fetzen,
dann kann man sich so recht ergötzen.

Genauso dachten viele Leute,
doch diesmal war es anders heute.
Es wurde mal nur diskutiert,
was dich oder auch mich geniert.

Der Ton, das war schon ungewöhnlich,
der war geradezu versöhnlich.
Das ist doch eigentlich nicht schlecht.
's war wieder einigen nicht recht.

Ein runder Geburtstag...

Dies ist ein Anlass, liebe Leute,
man deiner sich erinnert heute.
Ist auch die Zahl noch rund und groß,
dann ist da meistens etwas los;
besonders, wenn du sehr beliebt.

Die Möglichkeiten, die es gibt,
das sind Besuche und Geschenke
zum Zeichen, dass man an dich denke.
Es gibt Geschenke, die bereiten
dir manchmal etwas Schwierigkeiten.

Die Blumen, die da vor der Tür:
Sind sie von ihm oder von ihr?
Drum sei so gut, mein lieber Spender,
und schreibe drauf, wer ist der Sender!

Eisenbahn

Fahr besser mit der Eisenbahn,
du kommst zur richtigen Zeit dann an.
Schau aus dem Fenster auf die Landschaft
und freu dich schon auf die Verwandtschaft.
Du kannst die Seele baumeln lassen.
Ganz anders ist es auf den Straßen.

Es sei hier nur ganz kurz gesagt:
Aufmerksamkeit ist stets gefragt.
Wenn du denn fährst mit deinem Wagen,
dann kann ein Stau dich zudem plagen.

Ein Grund bringt für die Bahn das Aus:
Sie fährt halt nicht von Haus zu Haus.
Die Menschen, die doch meist bequem,
die finden das recht angenehm.

Enge

Der Kleiderschrank, der ist schon voll,
da kommen weitere Kleider – toll!
Jetzt wird es enge in der Kiste.
Ursächlich ist da eine Liste
von weiteren schönen neuen Kleidern.
Da müsst' man halt den Schrank erweitern,
doch der hat leider feste Wände,
damit ist das Gedicht zu Ende.

Entsorgen

Schön ist's, Post oft zu erhalten,
doch mühevoll, sie zu verwalten.
Man muss entscheiden, was da wichtig,
dies aufzuheben ist dann richtig.

Doch oft wird allzu viel gesammelt,
das schließlich vor sich hin vergammelt.
Es nimmt nur Platz weg und es stört
da, wo es gar nicht hingehört.

Drum fasse mutig den Entschluss:
Entsorgung, die ist hier ein Muss!

Erfolg

Von einem Chef, da nimmt man an,
dass er mehr als du selber kann.
Er wird dich fördern und belehren
und deshalb solltest du ihn ehren.

Hast du Erfolg, wird er dich loben,
das ist ein kleiner Schritt nach oben.
Denn jedes Lob, das weiß man schon,
bringt weitere Motivation.

Doch dieses Ideal ist selten,
im Leben gibt es andere Welten.
„Wir" lösten endlich das Problem,
sagt jener Chef (kaum angenehm).

Und nun zum Schluss, da kann man testen:
Wo ist das Klima wohl am besten?

Falscher Ort

Wenn man den Bock zum Gärtner macht,
ist das Ergebnis keine Pracht.
Anstelle Pflanzen gut zu pflegen,
walzt er sie platt mit seinem Segen.
Er meint's ja gut mit seinem Beet,
doch leider vieles ihm missrät.

Ein guter Mensch am falschen Ort,
das ist und bleibt halt nur ein Tort.

Finte

Wenn ein Vogel zu sehr stört,
man sein lautes Lärmen hört,
muss man ihn vertreiben,
immer würd' er bleiben.

Dafür gibt es eine Finte:
Großer Rabe, schwarz wie Tinte,
zwar aus Plastik, sieht wie echt.
Das bekommt dem Vogel schlecht.
Er entflieht von diesem Ort
und jetzt ist er auch schon fort.

Frühling

Schau an die schöne Blütenpracht,
wie sie der Frühling immer macht.
Freu' dich an der lieben Sonne,
das ist für deine Seele Wonne.
Die düsteren Wolken zogen weiter,
und dein Gemüt ist wieder heiter.

G20 in Hamburg

Wenn mal die Großen dieser Erd'
zusammenkommen, ist es wert,
dass man vor dieser Silhouette
aktiv wird, wie ich heute wette.

Die Jüngern, so war's meistens schon,
sie pflegen gerne Rebellion.
Neid, Wut und Zerstörungslust
kommen von geballtem Frust.

Wenn aber schließlich Autos brennen,
dann hilft es nicht, darob zu flennen.
Man hat gesetzt ein falsches Zeichen
mit der Versammlung meist von Reichen.
Vielleicht hat man auch nicht erkannt,
was nicht ganz stimmt in diesem Land.

Man fühlt' vermutlich sich zu satt
in dieser großen, bunten Stadt.
Auf jeden Fall, so heißt es jetzt,
war manches doch falsch eingeschätzt.

Gartenarbeit

Hast du einen Garten,
dann musst du den auch warten.
Schön bleibt er nur, wenn er gepflegt
und auch alles wohlgehegt.

Soll ein Rasen grün dir bleiben,
wird er dir die Zeit vertreiben,
denn du musst stets fleißig mähen,
sonst wirst du viel Unkraut sehen.
Leider wächst das ziemlich schnelle,
selbst wenn du es wünschst zur Hölle.

Rosen musst du schneiden schön,
doch lass eine Knospe steh'n,
die austreibt im nächsten Jahr
und dann blüht auch wunderbar.

Auch die Hecke ist zu zähmen,
einiges ist wegzunehmen.
Doch zum Glück gibt es dafür
Heckenschere mit Plaisir.

Geld

Der eine hat 'nen Haufen Geld,
geizig er's bei sich behält,
gönnt sich nichts vor lauter Geiz,
Sparen ist für ihn ein Reiz.

Der andere gibt sein Geld leicht aus,
es sparen wär' für ihn ein Graus.

Glücklicherweis' sind die Extreme –
das sag' ich ohne alle Häme –
gar nicht so häufig auf der Welt,
doch vieles dreht sich halt um's Geld.

Große Zehe

Die Zeh' stieß heftig an 'nen Stein,
du hoffst, dass nichts passiert wird sein.
Nach einigen Tagen hast du Schmerzen,
die kommen aber nicht vom Herzen.
Die große Zehe ist's, die kneift,
mit der du ja den Stein gestreift.

Irrtümlich hast du angenommen,
der Schmerz würd' von der Gicht her kommen.
Die Gicht-Arznei, die hilft hier nicht,
erst Röntgen bringt es dann ans Licht:
Du hast beim früheren Malochen
dir damals deine Zeh' gebrochen.

Haushaltsdisziplin

Einem Haushalt vorzusteh'n,
das ist manchmal wenig schön.
Der Rahmen, nicht unendlich groß,
nur alle Wünsche sind es bloß.

Denn jeder spricht für sein Gebiet,
die anderen er übersieht.
Auch hält er nur das seine wichtig,
doch dieses ist bestimmt nicht richtig.

Die Forderung, jetzt sieh mal hin,
heißt Haushaltsdisziplin.

Und Schulden neu: nicht zu erwarten?
(Alt sind's zweitausend Milliarden.)

Hecken

Hecken schützen vor der Sicht,
leider vor dem Lärme nicht.

Manche Hecken sind ein Schrecken,
denn sie fordern ihre Pflege
meist mit einer Heckensäge.

Wenn du wartest mal zu lange,
wird dir vor dem Wildwuchs bange.
Dann wird es auch richtig teuer
und das gilt nicht nur für heuer.

An den Kosten sieht man schon
die grassierende Inflation:

Hemmung

Der Darm, das ist ein Labyrinth.
Dass Speise ihren Ausgang find',
da ist es nötig, dass er frei,
kein Hindernis im Wege sei!

Doch leider geht's nicht immer glatt,
manchmal man eine Hemmung hat.
Der schöne Name – sag es schon –
heißt Obstipation.

Der Mittel gibt es mancherlei,
damit die Leitung wieder frei.

Hypothese

Du möchtest gern telefonieren,
doch manchmal will's nicht funktionieren.
Es geht nicht, wenn der Regen weint,
wohl aber, wenn die Sonne scheint.

Nun sag' mir, wie erklärst du nur
dieses Wunder der Natur?
Am Kabelabzweig, der zum Haus
geht, dort sitzt wohl der Graus.

Die Kabelmuffe, nicht mehr dicht,
bestimmt, ob's geht oder ob nicht.
'ne Hypothese ist das zwar,
jedoch ist sie vermutlich wahr.

Image

Selbst wenn die Rhetorik spitze
und auch in der Reden Hitze
er nie einen Fehler macht,
zählt was anderes, gebt Acht:

's ist die äußere Erscheinung.
Daraus bildet sich die Meinung.
Noch weitere Punkte wär'n bereit,
doch schweigt des Sängers Höflichkeit.

Schließlich ist's ein echter Graus:
Welch ein ungerechtes Aus!

Induktionsschleife*)

Du hörst sehr schlecht:
dir gar nicht recht!
So in der Kirche, im Konzert
ist der Besuch nur wenig wert.
Denn Sprache und die Töne – ei!
Die gehen dann an dir vorbei.

Doch die Technik hat ein Mittel,
hat auch einen schönen Titel. *)
Stell dein Hörgerät auf „T".
Dann hörst du wieder wie seit je.

Ischias

Dieser Nerv erstreckt sich so
von der Ferse bis zum Po.
Wird er zu sehr strapaziert,
das den Nerv und dich geniert.

Je nachdem, wo er gestört,
sind dann die Beschwerden, hört:
Es zwickt im Kreuz und mal im Po,
doch häufig auch noch anderswo.

Als Regel lässt sich diese finden:
Der Schmerz sitzt oft im Beine hinten.

Ladenhüter

Die Technik bietet viele Sachen,
die mehr – auch weniger – Freude machen.
Denn vieles geht halt mal kaputt
und dieses ist dann nicht so gut.
Man hat sich so daran gewöhnt;
sie sind defekt: Man deshalb stöhnt.
Zu Ende ist die Lebensdauer,
dann ist man meistens etwas sauer.

Du suchst Ersatz in aller Eile.
Da sag' ich: „Eile nur mit Weile!"
Wart' lieber auf bewährte Dinge,
sonst liegst du gleich in einer Schlinge.
Der Händler hat gar viele Güter,
doch gibt es da auch Ladenhüter.

Lobby

Lobby, die vertritt Interessen,
die manchmal nicht angemessen.
Sorgt, dass die Geschäfte laufen
und die Leute das auch kaufen.
So Tabak und Arzenei,
Waffen, die sind auch dabei.

Verbände auf der einen Seite,
Verwaltung auf der andern.
So läuft das auch nicht erst seit heute,
da muss man fleißig wandern.

Es ist wie immer auf der Welt:
Es geht um Einfluss und um Geld.

Manipulation

Wenn neunzig, gar noch mehr Prozent
ein Wahlergebnis heißt am End,
ergibt sich daraus ungeniert:
Ergebnis ist manipuliert!

Das mussten wir bei uns erfahren
in den unseligen dreißiger Jahren,
und weiter sage dazu doch:

Woanders gibt's die Masche noch!

Hat einer Wahlen angesetzt,
und glaubt, dass er gewönne jetzt,
hat dabei aber knapp verloren,
kratzt er sich hinter seinen Ohren
erträgt die Niederlage wacker,
und macht sich dann ganz schnell vom Acker.

Sein Mitstreiter – was kann's schon kosten,
bekommt jetzt einen anderen Posten.

Neuer Mann (1)

Ein neuer Mann, der meint da sehr,
dass ihm gar nichts unmöglich wär.
Hat ungewöhnliche Gedanken.
Daheim weist man ihn in die Schranken.

Jedoch sein Einfluss, der reicht weiter.
Da kann man jetzt nur sagen – leider!
Auch weitere Länder sind betroffen.
Man muss halt immer noch drauf hoffen,
dass die Vernunft bei ihm regiert,
bevor es noch viel ärger wird.

Neuer Mann (2)

Wenn einer, der da glaubt, mit Geld
könnt' er domptieren alle Welt,
und meint, weil er ja Boss jetzt wär',
so täuscht sich der.

Wenn fehlen Freundlichkeit und Takt,
dann ist die Situation vertrackt.
Er weiß gar nicht, das ist gewiss,
dass alles oft nur Kompromiss.
Der Ausgleich, die Verbindlichkeit,
die fehlen hier zu jeder Zeit.

Wir hoffen, dass der Zug noch weise
mög' fahren auf dem richt'gen Gleise.

Nützliches Werkzeug

Für jede Arbeit ist es wichtig,
dass das Handwerkszeug auch richtig.
Schaufel, Spaten, Heckenschere
geben sich beim Gärtner Ehre.

Mäher dient der Rasenpflege,
für den Baum braucht man die Säge.
Schließlich dann für's Aufzuräumen
dient der Rechen ohne Säumen.

Abfall lässt sich kompostieren
oder zum Depot hin führen.
Daraus entsteht wieder Erde
dann bei diesem Stirb und Werde.

Oben

Um etwas gut zu überseh'n,
muss man etwas höher steh'n.
Nur dahin muss man erst gelangen
und ist viel tiefer oft gefangen.

Der Weg nach oben ist meist glatt,
wodurch man viele Mühe hat.
Auch sind die Stufen öfter hoch.
Mit Glück, da schafft es mancher doch.

In einigen Fällen wird geschoben.
Man schafft es leichter dann nach oben.
Das Gleiche gilt auch, wie man sieht,
wenn einer da von oben zieht.

Der grade Weg, wie jeder weiß,
erfordert Mühe, Arbeit, Fleiß!

Orkan

Ein Sturmtief wütet über Land,
das war so bisher kaum bekannt.
Es legt viel Bäume einfach um,
sie fallen auf die Straße – dumm!
Sie treffen Autos und erschlagen
dabei auch Menschen in dem Wagen.
Sie fallen ferner auf die Schienen,
die doch dem Fernverkehr da dienen.
Es ist ja wirklich schon zum Grausen,
der Fahrplan hat ganz viele Pausen.

Jetzt sitzen viele Leute fest
und kommen so nicht heim ins Nest.
Das Wasser steht hoch in den Straßen,
das ist schon über alle Maßen!

Da schätzt man erst, wie schön es wäre
in einer ruhigeren Atmosphäre!

Papierflut

Papier, ja, es ist wirklich toll,
Briefkasten ist schon wieder voll!
Doch findet sich kein lieber Name,
es handelt sich nur um Reklame.

Die Werbung ist schon übermächtig,
ich finde das nur selten prächtig.
Ein Ofen ist heut' selten – leider,
drum stört auch das Papier noch weiter.

Es wär' für mich die reine Wonne:
vom Kasten gleich zur Abfalltonne.

Pläne

Viel Pläne hast du dir gemacht,
doch es kommt anders als gedacht.
Das Schicksal, möchte ich erwähnen,
richtet sich nicht nach deinen Plänen.

Du musst ertragen, was da kommt,
auch wenn es dir so gar nicht frommt.
In jedem Leben gibt es Sachen,
die einem wenig Freude machen.
Drum freue dich an kleinen Dingen,
die dir noch immer mal gelingen.

Regen

Das Wetter ist mies schon seit Wochen,
es regnet fast ununterbrochen.
Das drückt doch ziemlich auf die Stimmung,
und völlig fehlt der Blick zur Kimmung.

Sogar die Tatkraft ist gelähmt,
dass man sich fast deswegen schämt.
An sich, da reimt sich zwar auf Regen
ein schönes Wort mit Namen Segen.

Gibt's doch zu viel, ist es ein Fluch,
der Ernte ist dann nicht genug.

Bei vielen Dingen merkt man, dass
es fehlt zu oft am rechten Maß.

Rosen

Die Rose ist die Königin
von allen Blumen – sieh nur hin!
Zum Kelch sich formen ihre Blätter,
lieblich ihr Duft bei jedem Wetter.
Auch werden Rosen oft verschenkt,
wobei man immer Liebes denkt.

Schalter

Elektrisch ist so manch' Gerät,
das dir im Haushalt dienen tät.
Um es in Betrieb zu nehmen,
musst du immer dich bequemen,
'nen Schalter richtig zu bedienen,
sei es außen oder innen.

In wenigen Fällen – Heidenei!
Hat das Gerät der Schalter zwei.
Wenn dir bekannt, wo alle beide,
dann macht die Arbeit dir auch Freude.

Doch wenn du meinst, es gäb' nur einen,
dann hilft es nicht, darüber weinen.
Auch wenn du noch so schrecklich schiltst,
Gerät geht nie so, wie du willst.

Schäume

Schäume, flüchtig wie ein Traum,
so verhält sich Seifenschaum.

Schaumstoffe sind fest und leicht.
Ihr niedriges Gewicht, das reicht
herunter bis zehn Gramm pro Liter
(und dieses ist doch ziemlich nieder!).
Doch für allerlei Gebrauch
Gibt es manche schwereren auch.

Ein Schaumstoff hat in allen Fällen
geschlossene oder offene Zellen.
Deren Größe (weiß nicht jeder!)
liegt höchstens bei 1 Millimeter.

Bewahren Wärme und sie schützen
vor Schall, auch großer Kält' und Hitzen.

Der Polsterschaum, ein weites Feld,
hier einen guten Platz erhält.
Daneben gibt's im großen Ganzen
noch manche weiteren Substanzen
als Grundlage für andere Schäume
und das sind keineswegs nur Träume.

Scherben

Sagst du mal ein schlimmes Wort:
Schwupp! – dann ist es auch schon fort!
Kannst es nicht zurück dir holen,
auch nicht auf ganz leisen Sohlen.
Drum bedenke, was du sagst,
bevor du arge Worte wagst.

Porzellan ist schnell zerschlagen,
Scherben dann zusammentragen
und sie müh'voll wieder kleben,
würd' man meistens vieles geben.
Leider muss ich aber schreiben:
Doch die Risse, diese bleiben!

Schikanen

Ein neu' Gerät mit viel Schikanen,
das lässt dich auch schon Unheil ahnen.
Je komplizierter etwas ist,
denn umso kürzer ist die Frist,
bis eins der vielen Teile krank.
Oft machen sich gleich mehrere schlank.

Warst du hier an Komfort gewöhnt,
dann hör' ich jetzt, wie jemand stöhnt:
Ach, wär' ich einfacher geblieben,
dann ging's mir besser, meine Lieben!

Schlechte Presse

Wenn einer mit 'ner schlechten Presse
haut seinem Gegner in die Fresse,
dann hat er dabei wenig Glück:
Das Ganze schlägt auf ihn zurück;
vor allem, wenn der Kontrahent
beliebt in seinem Element.

Schon Meister Goethe einst beschied:
die Politik, ein garstig Lied!

Schönheit

Clematis – diese Blütenpracht,
sie kann begeistern – gebt nur Acht!
Pünktlich im Mai ist sie auch da,
die schönen Blüten freu'n uns ja!

Das Blütenmeer bleibt kurze Zeit,
jedoch dann kommt, was nicht so freut.
Die Blütenblätter fallen runter
und alle Schönheit gehet unter.

Das gibt es halt – nicht nur bei Pflanzen,
Geschöpfe trifft es so im Ganzen.

Schulnoten

Die Schulnoten sind ein Problem,
mal gut, mal weniger angenehm.
Ein wichtiger Punkt, soviel ich weiß,
das ist der angeborene Fleiß.

Doch die Begabung nicht zuletzt
gehört da noch vorausgesetzt.
Auch das Verhältnis Lehrer-Schüler
kann sein erfreulich oder kühler.

Mit diesen Einflussgrößen schließlich
entsteht die Note, oft ersprießlich.
Jedoch, es klappt nicht immer so,
und dieses macht dann wen'ger froh.

Ein weiteres Beispiel noch von mir:
Mein Abi-Deutsch war eine Vier. *)

---

*)ausreichend

Sintflut

Vor langer Zeit sprach Gott der Herr,
das mit den Menschen geht nicht mehr.
Ihr Dichten, Trachten in dem Herzen
ist böse und bereitet Schmerzen.
Was Odem hat, das soll verderben
und deshalb müssen alle sterben.

Nur Noah und dazu die Seinen,
die waren mit dem Herrn im Reinen.
Der sagte nun zu seinem Knecht:
Ein großes Boot, das wäre recht!
Geh' mit den Deinen da hinein,
ein Paar von jeder Tierart – fein!

Alsbald kam ein großer Regen
für vierzig Tage – war kein Segen!
Und alles Fleisch, das ging so drauf,
und nur das Boot blieb obenauf.

Nachdem die Wasser abgenommen,
da konnt' die Arch' zu Boden kommen.
Sie setzt sich ab, auch ziemlich grad',
auf das Gebirge Ararat.

Und als die Taube dann mit Glück
den Ölzweig brachte auch zurück,
war's am Ende klar nun allen:
Die Wasser sind jetzt ganz gefallen.
Da kam der Noah aus dem Kasten
und konnte endlich draußen rasten.

Schließlich noch der Herr versprach,
dass Sommer, Winter, Nacht und Tag,
auch Saat und Ernte bleiben mag.
Solang die Erde wird besteh'n,
soll es so immer weitergeh'n.

Sommerhitze

Die Sonne brennt erbarmungslos
und die Hitze ist sehr groß.
Dieses Wetter lähmt dich sehr,
auch die Arbeit fällt recht schwer.

Draußen wäre viel zu tun,
doch du ziehst es vor, zu ruh'n,
hoffend, dass die Temperatur
absinkt mehr als eine Spur.

Arbeit gäb' es viel im Garten,
der bräucht' dann nicht länger warten.
Auch das viel zu lange Gras
könnt' man mähen und mit Spaß.

Späte Reparatur

Das alte Auto klappert sehr,
die Reparatur lohnt sich nicht mehr.
Anstatt dass alles wieder gut,
da geht vielleicht noch mehr kaputt.

Das Werkstatt-Image litte drunter
und es könnt kommen sogar bunter:
Der Kunde hätte kaum Geduld
und gäb' der Werkstatt noch die Schuld.

Drum rate ich der Werkstatt sehr:
Den Karren reparierst nicht mehr!

P.S.: Es muss sich nicht unbedingt um ein Auto handeln!

Sturmtief „Xavier"

Dieser Sturm, der war ein Graus,
bremste viele Züge aus.
Bäume stürzten auf die Gleise
und zu Ende war die Reise.
Viele Leute saßen fest:
Bahnhöf' sind kein schönes Nest.

Stürzten auch auf flotte Wagen,
brachten Leut' so auf den Schragen.
Busse, Bahnen fuhren nicht,
da auch viele Wege dicht.

Stromzufuhr ist unterbrochen:
Da gibt's viel noch zu malochen.

Thron

Ein König sitzt auf seinem Thron,
er hat gar viele Neider.
Die warten auf sein Ende schon,
doch es geht immer weiter.

Sie setzen eine Säge an
an einem von den Füßen,
der Thron, der fängt zu wackeln an,
der Abschied lässt schon grüßen.

Der König stürzt herab vom Thron
und seine Feinde freu'n sich schon,
bejubeln einen neuen:
Der wird zu früh sich freuen!

Dem, der steht im Rampenlicht,
verzeiht man seine Fehler nicht.

Tiere

Der Hund, der ist des Menschen Freund,
er führt sogar den Blinden.
Im Tierreich wirst du keinen mehr,
der treu wie er ist, finden.

Die Katze ist des Menschen Freund,
sie lässt sich gerne streicheln
und wird dich dann umschmeicheln.

Ein Vogel ist des Menschen Freund,
er singt dir schöne Lieder,
die hörst du gerne wieder.

Die Ratte ist des Menschen Feind,
sie nagt an vielen Dingen
und deshalb bist du sehr bemüht,
sie alsbald umzubringen.
Krankheiten überträgt sie auch,
das ist der Grund für diesen Brauch.

Die Schnake ist des Menschen Feind,
sie sticht und saugt dein Blut
und auch deswegen finde ich
das Schlagen darauf gut.

Tierisch

Fressen und gefressen werden,
das ist doch ein Prinzip auf Erden.
Der Stärkere frisst den Schwächeren auf,
denn dies ist so im Lebenslauf.

Es ist Gesetz in der Natur,
und von Erbarmen keine Spur.
Die Stärkeren sind's, die überleben,
Pardon wird sicher nicht gegeben.

Tritt

Zu Bergen türmt sich, was zu tun,
doch du möchtest lieber ruh'n.
Nun, da sag' ich: „Auf, marsch, marsch,
tritt dir selber in den Hintern!"
Dann wirst du die Berge mindern.

Halt dir doch mal diese Predigt:
Dinge, die da unerledigt,
lasten dir auf dem Gemüt,
auch wenn man sie kaum noch sieht.

Mach dir deshalb einen Plan:
„Heut', nicht morgen fang' ich an!"
Das ist zwar ein guter Rat,
doch entscheidend ist die Tat!

Ultsch

Ultsch, den Namen kenn' ich gut,
schon lang er im Gedächtnis ruht.
Ultsch hieß, der uns Deutsch gelehrt,
hat meinen Notenschnitt verheert.
Das Prädikat bei mir
war leider eine glatte Vier. *)

Doch alle dieses Namens heute
sind sicher nur sehr nette Leute.

---

*) ausreichend

Umwelt

Die Umwelt sollt' man schonen,
doch muss sich das auch lohnen.
Wenn die Vorschriften zu streng,
wird's beim Realisieren eng.
Dann denkt man mit List und Tücke:
Gibt's da vielleicht eine Lücke?

Ist ja einfach (welch ein Graus!):
Schaltet nur das Licht mal aus.
Man sieht nicht mehr so genau,
fühlt sich dabei richtig schlau.

Leider sind herausgekommen,
diese Tricks, die wenig frommen.
Jetzt ist's mit dem Türken aus
und es folgt ein großer Graus.

Das Auto da verkauft sich schlecht
und dies ist gar keinem recht.

Unbedacht

Wenn zwei sich nicht besonders grün,
dann werden Fehler nicht verzieh'n.
Da gibt es erst verschiedene Phasen:
Der Fehler wird noch aufgeblasen,
damit es alle Leute merken
und ihre Aufmerksamkeit auch stärken.

Noch schlimmer, wenn der eine sieht:
Dies wär' ja schließlich mein Gebiet,
in dem der andere sich erdreistet,
sich unbedachte Schritte leistet.

Drum stimme man sich vorher ab,
bevor man setzt den Gaul in Trab.

Ungerecht

Ein Mangel und ein Überfluss,
die bringen beide viel Verdruss.
Den Leuten mangelt's oft an Geld,
das ist halt so auf dieser Welt.
Was sie sich wünschen, bleibt ein Traum,
das Geld, es reicht zum Essen kaum.

Doch andere haben viel zu viel,
und immer mehr, das ist ihr Ziel.
Die Fülle, die verführt oft auch
zu kaufen, was man gar nicht brauch'.
Die Folge: vieles steht herum
und nimmt nur Platz weg, ach, wie dumm!

Drum überlege dir beim Kaufen,
ob's besser ist, vorbeizulaufen!

Unheil

Zwei Züge auf dem gleichen Gleise,
die Lenker weder klug noch weise,
sie fahren aufeinander zu.
Da ist's vorbei jetzt mit der Ruh'!

Wer stellt jetzt schnell die richt'gen Weichen,
bevor die Züge sich erreichen?
Es gäbe Opfer ungezählt,
wenn man hier keinen Ausweg wählt'.

Lasst hoffen uns auf kluge Leute,
bevor das Unheil macht hier Beute.

Unterbrechung

Du hebst den Hörer ab, doch jetzt:
Es tut sich nichts, du bist entsetzt.
Das Telefon, es ist heut tot.
Du denkst da erst mal: Sapperlot!
Zum Glück hast du ein Handy hier,
das zum Gespräch kann dienen dir.

Ein Bagger hat zu tief gegraben?
Da würden mehrere Ärger haben.
Die Kabelmuffe nicht mehr dicht,
bestimmt, ob's geht oder ob nicht.

Die Hypothesen, unbestätigt,
sie haben sich dann auch erledigt.
Zwei Klemmen an der Anschlussdose
die waren oxydiert und lose.

Die Feuchte und der Sauerstoff,
die bringen manchmal ziemlich Zoff.

Vergeblich

'ne Treppe dient zum Aufwärtsgehen.
Um raufzulaufen, musst du sehen,
wie hoch die einzelne Treppenstufe,
und danach richten deine Hufe.

Wenn du dich da aber verschätzt,
dann stolperst du und bist verletzt:
Wenn du gar triffst mit deiner Birne
die Kante grad noch mit dem Hirne.

Dann hast du also bald, mein Schatz,
auch eine Wunde namens Platz.
Dazu kommt noch die liebe Not,
wenn es da tropft auch ziemlich rot.

Du gehst dann, das versteh' ich ganz,
im schnellen Schritt zur Ambulanz.
Das Schild dort macht dich ganz verdrossen,
es steht da: Heute ist geschlossen!

Du sollst dich an den Hausarzt wenden,
denn dort bist du in guten Händen.
Du gehst dorthin und bist verdrossen.
Da steht auch: Heute ist geschlossen!

Du wunderst dich, hast Ärger pur,
am Donnerstag um 16 Uhr.

Verhindert

Du hast vor dir ein Blatt Papier,
das wolltest du beschreiben.
Jedoch, es geht heut gar nichts hier:
„Drum lass es lieber bleiben!"

So spricht der innere Schweinehund,
der mit der Trägheit meist im Bund.

Ein Rat: Bekämpfe diese beiden,
so gut es geht, sonst wirst du leiden.

Vogelflug

Die Kraniche, sie fliegen jetzt,
dem Sommer ist ein End' gesetzt.
Sie fliegen in den wärmeren Süden,
der kühle Norden wird gemieden.

Zur Orientierung über Land
dient ihnen auch der Sonnenstand
und weiterhin, so heißt es, dass
sie fliegen nach Magnetkompass.

Dazu in V-Form fliegen sie,
so sparen sie an Energie.
Sie wechseln auch, das weiß man schon,
die vordere Führungsposition.

Wackelkontakt

Dein Internet, es geht nicht mehr,
darüber ärgerst du dich sehr!

Vor dem Computer sitzt ein Router
an einigen Kabeln (dieses Luder!)
und dass ich jetzt noch weiter mecker:
An jedem Kabel sind zwei Stecker
und jeder, das ist das Vertrackte,
hat auch noch mehrere Kontakte.

Sind diese schlüssig, dann O. K.
Wenn nicht, gibt es ein großes Weh!
Das ist schon gar nicht sehr zu loben.
Wie's weitergeht, siehe hier oben!

Wahlergebnisse
99....51 %

Das sind Zahlen, die bei Wahlen
teils erleichtern, teils erschrecken,
aber den Verdacht erwecken,
dass nicht alles glatt gegangen
bei dem Wunsch nach Machterlangen.

Manchmal wird da auch geschmiert,
häufiger manipuliert.

Dem „Gewinner" ist's so recht:
Unsere Welt, die ist halt schlecht.

Wahlwerbung

Wie viele Tonnen von Papier
(ich will es gar nicht wissen hier),
die für den Wahlkampf sind jetzt nötig.
Papierhersteller sind erbötig.

Die Drucker haben auch zu tun
und können gar nicht lange ruh'n.
Auch die Verteiler haben Mühe,
sie schaffen oft schon in der Frühe.

Die Leute wissen, wen sie wählen,
die Werbung kann gar viel erzählen.
Ich frage mich, ob die Reklame
bewirkt 'ne große Einflussnahme.

Wanne

Bei Wilhelm Busch, jetzt dürft Ihr raten,
war'n zwei in einer Wanne baden.
Auch damals gab es Schwierigkeiten
und die Umgebung musste leiden.

Mehr Probleme gäb' es hier,
wenn in der Wanne sogar vier!
Der Franz und Fritz, die waren Brüder,
doch viere sind sich oft zuwider.

Das Wasser, das ist zwar schön warm,
nur Streit geht manchmal auf den Darm.
Deshalb ist dies meine Prognose,
es geht vielleicht doch in die Hose.

Wetter

Spaziergang fällt da leider aus:
Dies Wetter heute ist ein Graus:
Es regnet ohne Unterlass
und alles ist von Grund auf nass.

Du musst zwar bei dem Wetter leiden,
bedenk': Doch alles hat zwei Seiten:
Die trockenen Wiesen freuen sich,
die Dürre war schon fürchterlich.

Vorherrschend war die Farbe braun,
schon früher nicht gut anzuschau'n.
Wolltest den Garten du genießen,
dann musstest du stets fleißig gießen.

Wichtig

Menschen, die im hellen Licht,
nein, die übersieht man nicht.
Andere, die im Schatten steh'n,
oft am Aug' vorübergeh'n.
Erst wenn mal das Licht verstärkt,
werden dann auch sie bemerkt.

Leute, die was von sich halten,
werden oft sich so verhalten,
dass sie stehen in der Sonne,
denn das ist für sie die Wonne.
Wichtig, dass sie nicht nur vif,
sondern auch noch attraktiv!

Winter-Ende

Die Tage werden länger,
dem Winter wird es bänger,
sein Einfluss ist gebrochen,
es sind nur noch drei Wochen.

Der Frühling macht sich schon bereit,
denn endlich kommt jetzt seine Zeit.
Er lässt die Blümlein sprießen
und sorgt für grüne Wiesen.

Wünsche

Wünsche sind meist ungezählt,
doch sie würden zu viel kosten;
denn zur Realisierung fehlt
im Etat der nötige Posten.

Einer meint, sein Punkt sei wichtig,
der andere hält das nicht für richtig.
Solche Fakten geben Stoff
dann für einen richt'gen Zoff.

Meistens ist es doch gewiss:
Besser wär ein Kompromiss!

Zweiter Januar 1945

… ein Tag, ungern ich mich erinnern mag:
Im letzten Kriegsjahr – unerhört –
ward meine Heimatstadt zerstört.
Des Reiches Schatzkästlein genannt,
war damals nur noch Schutt und Sand;
mit knapp zweitausend Toten bloß
und hunderttausend obdachlos.

Wer dies befohlen, ist bekannt,
bekam ein Denkmal dort im Land.

Doch als Ergebnis ist gefunden:
Die Zeit heilt meistens alle Wunden.
Nur die Erinnerung ist geblieben,
das sag ich heut' zu meinen Lieben.

Zweiundneunzig,

welch ein Wunder,
und du bist noch immer munter.
Oben funktioniert's noch gut,
wenn man ab und zu mal ruht.

Nur der Sturz jetzt auf den Po,
der geniert auch anderswo.
Beschwerden gibt es da beim Gehen,
schließlich noch dazu beim Stehen.

Hoffen wir: Die Medizin
kriegt das alles wieder hin.

TEIL 2

Behindert

Was bleibt, das sind Erinnerungen
an dich, an unsern lieben Jungen.
Ein Häuflein Asche dort im Grab.
So schloss ein liebes Leben ab.

Behindert warst du seit Geburt,
der Arzt, der war auf Tagung furt.
Vertreter waren nicht vorhanden,
daher kam Arges auch zustanden.
Die Hebamm' wusste nicht Bescheid,
damit begann dann alles Leid. *)

Du hattest's schwer in dieser Welt,
es lief nicht so, wie's meist gefällt.

Für lange Jahre hast du g'schafft
bei Lebenshilf mit deiner Kraft.
Erspartes hast du gut behütet
und es auch sicher eingetütet.
Damit gingst du sehr gerne shoppen
und das war manchmal kaum zu stoppen.

Die Wandbilder von schönen Frauen
sind immer noch hübsch anzuschauen.
Zuneigung hast du gern gepflegt,
dein Köpflein bei uns angelegt.
Ein Satz erinnert uns an dich:
Du sagtest: „Gell, ihr sorgt für mich!"
Du gingst heim in den großen Hafen
und bist ganz sanft auch eingeschlafen.

---

*) perinataler Hirnschaden

Bilder

Wenn du die alten Bilder siehst,
ein Foto, das von früher grüßt,
schleicht sich oft Wehmut in dein Herz
und du empfindest tiefen Schmerz.

Im Kinderlachen bleibt verborgen
die Trauer, auch die späteren Sorgen.
Nur die Erinnerung ist geblieben,
wenn du jetzt denkst an deinen Lieben.

Es ist nichts mehr zu ändern – leider –,
denn unser Leben, das geht weiter.

Erinnerung

Zur Weihnachtszeit, da schmerzt es sehr:
Der liebe Reinhold ist nicht mehr!
Vor einem Jahr – so war es doch,
da freut' er sich auf's „Christkind" noch;
besonders auch auf die Geschenke.
Es schmerzt, wenn ich jetzt daran denke!

Man sagt zwar: Wunden heilt die Zeit,
nur heute ist's noch nicht so weit.
Die Trauer und auch das Gedenken,
die lassen sich nicht schnell verschenken.

Gedenken

Häufig erst nach mehreren Wochen
merkst du richtig, was zerbrochen,
wenn ein lieber Mensch gegangen.
Weißt oft nicht, was anzufangen
mit dem Weh, das dich befällt.

Er ist in der anderen Welt,
hat dort weder Leid noch Schmerzen,
das begreif' in deinem Herzen.

Denk, wie lieb er manchmal war.
Das kann trösten wunderbar!

Geduld

Nach einiger Zeit erst wird dir klar,
es wird nie wieder, wie es war,
nur die Erinnerung ist geblieben,
wenn du oft denkst an deinen Lieben.
Er lebte lang an deiner Seite,
doch leider ist es anders heute.

Das Leben hält sehr viel bereit,
doch Trauer, die braucht ihre Zeit.
Was nicht zu ändern, nimm es hin,
sich quälen, das macht keinen Sinn!

Mahnung

Weder Tag noch Stunde sind dir bekannt,
wenn du dann gehst in dies andere Land.
Drum richte nur rechtzeitig deine Sachen
und fang schon an mit Ordnung machen.

Trauer

Das Bett ist leer,
du grämst dich sehr,
denn erst vor wenigen Tagen doch
hörtest seine Stimme noch.
Du kannst auch nicht mehr für ihn sorgen,
so wird es bleiben heut' und morgen.

Gedenke auch der schön'ren Zeiten!
Des Menschen Los umfasst oft Leiden.
Nur eines ganz bestimmt dir frommt:
zu wissen, wo man Trost bekommt.

Verlust

Plötzlich ist er nicht mehr da,
begreif' es doch, du weißt es ja!
Saß am Tisch stets neben dir,
und jetzt ist er nicht mehr hier!
Diese Leere macht dir Schmerz,
sie bedrückt dir auch das Herz.

Solltest dich nicht weiter plagen,
jetzt wie in den kommenden Tagen.
Deine Trauer muss noch reifen,
dann wirst endlich du begreifen:
Wirst ihn hier nicht wiedersehn,
später erst in anderen Höh'n.

Zu früh

Lange Jahre war'n wir vier.
Einer ist nun nicht mehr hier,
hat mit Gehen angefangen
und er ist zu früh gegangen.
Kannst es lange nicht versteh'n,
dieses allzu frühe Geh'n!

Es dauert wohl noch ein'ge Zeit,
bis der Verstand auch ist bereit
und alles ganz begriffen hat.
Das ist so, leider in der Tat.

Biographisches

Es war im Jahre zwanzig-fünf,
damals erschien ein kleiner Pimpf.
Die Eltern waren hocherfreut,
das war früher so wie heut'.
Geschwister hätte gern der Wicht,
doch diese gab es leider nicht.
Zur Schule ging's mit knapp sechs Jahren,
zur Hitlerjugend dann mit zehn
und hierbei hab' ich viel erfahren.
Heut' kann ich manches anders sehn.

Heinz Weber,
geb. 8 Mai 1925
in Nürnberg.

Mit knapp achtzehn – Abitur,
da begann die Ochsentour.
Wie es damals üblich war:
Arbeitsdienst ein Vierteljahr,
gleich darauf zum Militär.
Brückenbauen war schön schwer,
und auch Minen zu verlegen,
das war sicher gar kein Segen.
Pionier, so heißt der Job,
das war manchmal ziemlich grob.

Schon mit neunzehn ging's nach Osten,
dort konnt' ich die ‚Front' verkosten.
Die ersten Toten dort erlebt,
 das ist nichts, was die Stimmung hebt.
Schließlich war'n wir ganz gefesselt
und bei Brody eingekesselt.
Dort nur wenige entkamen,
Einzelheiten sprengt' den Rahmen.

Verwundet dann im Lazarett,
im Vergleich war das ganz nett.

Im nächsten Jahr ging es nach Westen,
Bewaffnung, die war nicht vom Besten.
Im Mai Kapitulation,
und die Gefangenschaft folgt' schon.

September fünfundvierzig dann,
kam endlich ich zu Hause an.
Da lernt' ich gleich Installateur
für Wasser – Gas gab es nicht mehr,
denn Nürnberg war ein Haufen Schutt,
der Anblick, der tat nicht so gut.

In sechsundvierzig dann,
da fing ich mit dem Studium an.
Chemie, wie lange schon geplant,
die Schwierigkeit' man kaum heut' ahnt.
Nun zum Beruf ging's an den Rhein,
im Jahre vierundfünfzig – fein.
Kunststoff' und Schäume waren Themen.
In '90 hieß es Abschied nehmen.
Damals begann die Pension,
und die genieß' ich lange schon.

Von manchen Hobbies ist geblieben,
das Reimen, was auch andre lieben.
Ich kombiniere – und igitt!
So bleibt das Oberstübchen fit